JN411535

우화정의 가을

詩寫集

우화정의 가을

김 동 섭 시인

도서출판 북매니저 Book Manager

contents

4부 단풍만 보고 오시나요

5부 오월에 내리는 눈

시 해설

시인의 말

산에 미치고 사진에 미치고 시에 미쳐 사는 봄바람 김동섭입니다.

걸을 때나 술 마실 때나 노래방에서나 오로지 시낭송은 나의 일상.

어느 날

등산 후 하산길에 소월의 「가는 길」을 낭송하며 걷는데

산악회 총무님이 뒤에서 듣고 있다가 등단을 권유했습니다.

그래서 무심결에 대답을 하고 2006년 『현대시선』 여름호에 등단했습니다.

현대시선문우회에서 2년 열심히 활동하고는 시는 접고 사진만 찍었습니다.

우연히 최영희 전 회장님을 만나 영등포문협에 2013년에 가입했습니다.

그래서 문협 활동을 하며 다시 시를 쓰기 시작했고,

여기 저기에 발표한 시들과 미발표작들을 모아 이번에 책으로 묶습니다.

많이 부족하여 부끄럽기 짝이 없지만 용기를 내었습니다.

시집 뒷부분에 그동안 바람처럼 떠돌며 찍었던 사진들도 묶었습니다.

밍밍한 시를 읽어주신 고마운 독자들에게 화사한 꽃과 풍경 사진으로 감사함을 전하는 마음을 담았습니다.

구로마을학교(오류동) 시낭송과 스피치 민문자 선생님, 시창작 조규남 선생님 그리고 구로문화원 시창작반 손옥자 선생님, 존경하는 4분 선생님께 깊은 감사드리며, 자유로운 영혼으로 살게해 준 마누라에게 고맙다고 말하고 싶습니다.

2020. 여름 초입

김동섭

1부

◆
◆
◆

꽃 피는 오동

월광주

지난밤 그믐달은
어두워서 아니 뵈더니
오늘밤 초승달은
실눈썹만 그렸구려

은쟁반에 뜨는 달은
표주박을 안고 돌고

품에 안긴 우리 임은
나를 안고 돌아가네

팽이처럼 도는 인생
돌고돈들 어떠리

새벽길

다리 위에
새벽이 찍혀 있다

어느 화가 작품인가

목감천 건너서
개봉역 가는 길

나보다 먼저
흰 눈 위를 걸어가는
까만 발자국

길상화

여기서 빵
저기서 빵

불꽃놀이하는 나타샤
길사 뜨락에 상사화
백석은 어디 있는가

심장을 펌프질한 붉은 동맥
뿌리 깊은 곳까지 내려갔다가
정맥을 타고 다시 올라와
힘줄 밖에서 터진다

홍학

산죽 같은 긴 다리
화려한 주둥이
우아하게 걸어가면

몸속에 숨겨 놓은
코브라가 있는지
춤을 추기 시작한다

태초의 발레리나
너는 세계 제일의 발레리나
발롱발롱

차이콥스키의 음계를
밟는다

조롱박

토담에 줄 내리고 매달린 조롱박

물동이 이고 가는
아낙네를 부르네

당신 속에 뛰어들어
속마음 들여다보고 싶네

조의제문

국화가 이사를 왔다
아기단풍 집으로
염치없이 고종사촌까지 데리고 왔다

아기단풍은 영문도 모른 채
눈을 동그랗게 뜨고
위에서 아래를 내려다보고 있다
국화꽃 피는 소리 요란하다

울고 나오는 놈 웃고 나오는 놈
떼를 쓰는 놈 등살에
아기단풍은 날마다 고열이다
대가족의 소란에
시름시름 앓기 시작한 아기단풍

국화가 이사 온 지 일 년쯤
아기단풍 의식을 잃었다
굴러온 돌이 박힌 돌 빼내고
식욕 왕성한 국화 가족은 풍년이 들었다

아기단풍 자리에 노란 꽃 하얀 꽃
제단처럼 탐스럽게 피었다

낙락장송

채석강 낙락장송
칠천만 년 긴긴 세월
누구를 기다리나

해질 무렵이면
썰물처럼 빠져나간
텅 빈 언저리에

해풍이 물어다 준
그리움만 한 폭 한 폭
쌓이는가

무지개

그것은 용광로였다
단풍이었다
낙엽이었다
바람이었다
신기루였다
지금은 사라지고 없는 당신

광천 재래김

토닥토닥 톡톡
모닥불 타는 소리
놀란 주민들 불구경 나오네

바닷속 보물 따다가
맑은 물에 샤워시키고
네모 발에 붙여 놓고
햇살 군불 지피네

김발들 울타리 가득 채우면
심술궂은 바람이 건들지 못하도록
대꼬챙이로 고정시켰지

해풍에 삼킨 물 토해내고
꺼덕꺼덕 반듯하게
윤기 자르르
일만 호 가구마다 김 풍년들었다고
웃음소리 파도를 타네

봄바람

손님이 왔다

진도 봄동
위도 달래
군산 바지락
서천 쭈꾸미

오동도 동백꽃
광양 매화
구례 산수유
유달산 개나리

변산 바람꽃
풍도 복수초
구름산 노루귀
원미산 진달래…

쑥국 파전 동동주 한잔에
설중매 한 잎 띄워본다

봄이다

꽃 피는 오동

누구 녹이려고 이렇게 예쁘게 피었는가

겁나게 떨어져버린 꽃잎을 쓸어 모은다

위에서 나를 내려다보는 천 개의 눈
바람이 바람을 깨운다

2부

◆
◆
◆

월류봉의 첫사랑

봄, 구름산

조용히 숨죽이며 다가선
구름산 자락
가랑잎 이불을 갠다

숲에 귀 기울이면
선잠 깬 아기 노루귀
눈 비비는 소리

사진작가 등 위에 말을 탄
아이 이랴이랴
구름산이 들썩들썩

철쭉동산에서

군포 수리산 철쭉동산
비에 흠뻑 젖은 꽃들
초롱초롱한 눈망울로
나를 반긴다

다섯 시에 만나자던
길모퉁이 그 찻집

약속은 까맣게 잊고
미친 듯 사진만 찍었다

질척질척 비는
그칠 줄 모르고
철쭉은 질척거리며
나를 붙들고

선유도

스카이라운지 곤도라 타고 허공을 가로지르면
긴 머리 휘날리는 여인 없어도
멀리서 들려오는 뱃고동 소리 가슴 설레네

수영을 하다가 지치면 물장구 치고
물장구도 시들해지면
모래톱에 손우물 파고 두꺼비집 짓는
어린 시절이 천진스럽게 펼쳐지네

썰물에 드러난 갯벌을 걷다가
바지락을 캐다가
어둠 깊숙이 숨은 낙지와 교우하고

허리를 펴고 일어서서 바라보니
신선이 놀고 간 빈자리 가득 채운 사람들 보이지 않고
한여름 황혼이 바다 밑으로 가라앉고 있네

원미산

진달래 피면
원미산에 가야겠네
꽃 속 당신 찾으러

소월 시탑 아래
당신의 얼굴 수줍게 찍히겠네
진달래도 붉어지겠네

진달래가 피면
원미산에 한번 가야겠네

우화정의 가을

나를 찾아온 단풍
내 마음에 활활
뜨거운 불 지펴놓고
금방 떠날 채비를 하네

옆구리가 서늘해진 서래봉
아랫마을까지 나와
우화정 기웃거리고

단풍나무 가지도 몇 잎 달고
우화정 연못으로 기우네

조급해진 나는
떨어진 단풍잎 주워
마음 갈피마다
가을을 애써 붙잡네

각흘산

정수리 감싸는 억새밭 길
백골이 긴장하는 제2의 전선
명성산 산정호수 딛고 솟았다

시루떡 바위에 서 있는 저 소나무
구름 가지를 펼쳐 놓았구나

외로워서 원추리 구절초 불러들였는가

뒤쫓아온 바람이 억새꽃 연주하면
화답하듯
오선지 그리는 쌍무지개 뜨는구나
자인사 종소리 궁예가 운다

월류봉의 첫사랑

안개가 산허리에 감겨들면 다섯 척의 배가 항해를
시작한다

오 형제 봉우리가 안개바다를
떠다닌다

고고한 정자를 더 높은
곳으로 밀어 올리는
안개의 다른 이름은 은자

깔깔거리며 웃다가 어디론가
숨어버려
애타게 찾아다니던 나의
첫사랑은 은자

유유히 떠가던 월류봉을 그 자리에 남겨두고
맑은 햇살 속으로 슬그머니
꽁무니를 빼는 은자

밤마다 오 형제 봉우리
쓰다듬던 달빛 기울면
안개를 품어 키우던 초강천

한석봉의 붓끝처럼 유연한
가을을 데려와
월류봉 붉게 물들여놓는다

월류 봉우리에 나 하나를
더해 육 형제가 되던 날
등산길 오르는 수줍음도
기분 좋게 볼 붉힌다

내 가슴에 숨어 있는
첫사랑의 돛대는 여전히
순항이다

덕유산

달빛도 얼어 있다
은하수 계곡 상고대로 서 있다
서풍이 쓸어넣은 하얀 눈송이
북방통신 목련을 닮았다
은하까지 뻗은 설천봉
철길 같은 스키장을 끌어내린다

누에섬

노을을 먹고 자랐나 온몸이 황금빛이다
푸른 물결이 키운 갈매기는 춤추기에 바쁘다
바람을 키우는 풍력발전기는 숨이 차다

젊은 연인들은 손에 손에
새우깡 들고
탄도항으로 모여든다

수평선을 향해 가는 해가 잠시 등대에 머뭇거릴 때
누에는 또다시 고개를 들고
노을을 먹는다

내일은 다시
비단실 같은 새벽을
뽑아낼 것이다

위도로 간다

밤마다 꿈꾸던 첫사랑 깨고 보면
허무한 것을
새벽닭 울기 전에 먼 길
떠난다지요
내소사 풍경소리 채석강가에
출렁이면
노을꽃 피고지는 하루
이백과 마주앉아 술 한잔하고
아직도 가슴에 남아 있는 너를 찾아서
푸른 물결 춤추는 갈매기를 띄운다
네가 있을 것만 같은 수평선 그곳!
위도로 간다

용대리 폭포

옥중에서 벗어던진
춘향이 치맛자락
휘날리고 있다
따뜻한 오월에도
한기가 들어
하얗게 부서진다
가벼움까지 짓누르겠다는 낙차의
아픔,
천길 낭떠러지라도
망설이지 않고 그대 가슴으로
뛰어내린다

우화정의 가을

3부

◆
◆
◆

그래도 고지는 안녕하시다

누가 또 내 가슴에 불을 지피나

누가 또 내 가슴에 불을 지피나
가슴에서 모락모락 피어나는 연기

이 계절에는 여지없이
긴 단풍 터널에 갇혀버린다

내 마음 송두리째 흔들어 놓고
떠나버린 당신

슬픈 첫사랑아 이제 그만
터널 밖으로 나가라고 나를 떠민다

나를 찍는다

나는 해를 닮은 동산 위에 떠오른다
등산객도 꽃이 되는 곳

휘파람새의 노래도 찍고
사월의 마지막 그늘도 찍는다

순식간에 오월의 아침을 바라보는
상기된 얼굴에 나를 찍는다

그래도 고지는 안녕하시다

이곳은 한랭전선이다
하루 24시간 낮에는 인민군 밤에는 아군
6.25 전쟁 같다

내가 이곳에 온 것은 지난 2월 7일
살얼음이 뼛속을 파고드는 서부전선
삼십 년이 넘은 기역자 복도식 아파트

지하실 배수펌프는 중풍에 걸려 후덜덜 떨고
전기코드를 뺐다 끼웠다 반복해야 한다
벽마다 얼어붙은 고드름은 토왕성

소장은 군장교 출신으로 무조건 명령이다
고드름을 톱으로 자르고 망치로 떼어내고
소방호수 터져 복도는 시냇물이 되고
승강기는 삼 일간 운행정지

빙판의 복도에 모래를 뿌리고 박스를 깔고
경비실 밖으로 나갔다 들어오면 콧물이 줄줄
분리배출은 매일같이
수돗물은 24시간 틀어놓고

나 홀로 지키는 고드름 나라
그래도 애기봉 고지는 안녕하시다

나는 경비원인가 시인인가

눈 쓸 듯 글 쓰는 나는
청소부인가 시인인가

첫사랑 꽃비

꽃잎 쓸며
가슴을 쓰네

구름 잡는 카메라맨

안양천에 구름 들었다
목화솜 이불 깔아놓았다

백로 해오라기 코스모스
그 위에서 뒹굴고 있다

지나가는 사람들 그림자
풍덩풍덩 적시며
한데 어우러져 놀고 있다

시샘 난 내 카메라도
철컥철컥 빠져든다

푸른 하늘에
가을 빛깔 입혀
벌겋게 찍어 올린다

비천

바람에 흔들리는 소나무
쓱 쓰르르 쏴
뱀 무늬 표피 두르고
대나무 칭칭 감아버린다
청청한 대나무 짓누르며
꼭대기로 기어오른다

조금만 더
조금만 더

구름이라도 올라타겠다
바닥에 사는 일이 괴로웠는지
줄기차게 위로만 올라가고 있다

새로운 별나라에서
곧 도착 신호를 보내올 듯

날카로운 발톱을 숨기고
위로만 위로만 오르는
구룡 한 마리
승천이라도 하려나 보다

비 오는 날

차 안에 비스듬히 몸을 기댄 검정 우산
흠뻑 젖었다
접힌 날개 사이 빗물 떨어진다

무서운 비바람 불어오는
저세상
부서져버리고 싶어도 억지로 견디는 저 사람
겨우, 잠깐 비바람을 피하고 계시다

그 속에서 꺾이지 않고 살아 돌아온
검정 옷을 입은
아버지

그림자

가로등 불빛에 서 보면 안다
검은 옷을 입은 세 사람
한 사람은 보디가드
두 사람은 호위무사
그들은 언제나 나를 따라다닌다

직장 정문에 들어서면 도깨비처럼 나타나
보디가는 옆에서 가고
호위무사는 앞에서 간다

내 몸안에 또 다른 내가 존재하나 보다
삶에 지친 나를
얼굴 없는 그들이
끌고 간다

한가위

이백의 달일까
고향의 달일까

석봉의 부드러운 붓끝처럼 흐르는데
아파트 베란다에 붙잡아 놓고

보름달이 키운 토끼
분양받아 오고 싶은

모두가 고향 가고 없는
일 없는 한가위

강골마을에 경사났네

양수 터졌나
붉은 동백
뚝
뚝
낳는다
열화정 연못 낭자한 탄생
흥건한 계절

시절 가고

입춘대길
급하게 문을 열고 나온 장미꽃

함박눈 뒤집어쓰고
새파랗게 질린다

나 여기 있다고 아무리 얘기를 해도
눈길 한번 주지 않는 사람들
카메라 세례를 받던 시절이 있었던가

시절 가고

눈 밖으로 가시만 성성

4부

단풍만 보고 오시나요

오동

누구 녹이려고
이렇게 이쁘게 피었당가
워매 겁나게 떨어져버렸네
시 쓰듯 꽃잎을 쓸어모은다
위에서
나를 내려다보고 있는
천 개의 눈
바람이 자꾸
쓸어모은 꽃잎을 건드린다

꽃비

질퍽질퍽한 비는
질마재를 찾아오고

보슬보슬 오는 비는
도솔산 골짜기로 내린다

탁배기 사발 기울이는 주모 가슴에
선운사는 뒤뜰에서 홀로 익은
동백꽃 비 내린다

김유정의 봄

선머슴 같은
우리 아들
언제 장가 가려나
하루
이틀
사흘

봄비가 한 방울씩
뚝
뚝
떨어져도

김유정 점순이 키 크는 소리
들리고
아니

진달래 축제

풍물시장 상인들
밴댕이 회무침에
인삼 막걸리 한잔
진달래 얼굴에 피었네

오르막에서 내리막으로 예쁜 진달래
눈 사진 한 장 찍고 내려오는 길

백련사 무상 스님
감미로운 팝송
당신은 노래
얼쑤 고려산이 들썩

사월 고려산
진달래 앞세워
행군 또 행군

솔방울

구름산 솔방울은 잘도 굴러

서낭당 지나서
밤나무 밑으로

금댕이 약수터 지나서
하안동으로

꼭꼭 닫은 세상아
문 열어라
때굴때굴

눈 오는 날

천년 잠 기지개에
가람이 꿈틀
가야금 열두 줄이
둥기 둥기당 둥기 둥기당

황진이 손끝에서
춤추는 선율
흰 눈 타고 오시는 임
서화담이지

황촛불 녹는 밤이
짧기만 한데
동짓달 즈믄 밤에
설중매 운다

단풍만 보고 오시나요

백양사 가시면 쌍계루
단풍만 보고 오시나요

대웅전 뒤에 외롭게 서 있는
모과 달린 고목 한 그루

세들어 사는 아기단풍
속 타는 줄 모르고

행복한 부처

돌부처님
황금 가사 걸치고
단풍 구경 나오셨네

입가에 미소
노을처럼 번지네
단풍 속으로 번지네

그곳

오늘도 애꿎은 비가
당신과 나 사이를
가로막습니다.

나는 날마다
시 먹는 책처럼
당신의 빈자리를
조금씩 채워갑니다.

눈이라도 내리면
당신에게 가지 못할까
걱정입니다.

내가 가기로 한 그곳
관악산 입구
나를 기다리는
자그만 시 도서관

유리연못

차창으로 떨어지는
굵은 빗방울
줄을 서서 흘러가고 있다
꼬리치며 엄마 뒤를 따라가는
올챙이 새끼들
비 오는 날만 번식하는 무리들

노을꽃 2

누에섬 등대 아래
오색 꽃 피면

무지개 끈을 달아
오작교 놓고

갈매기 나래 위에
춤을 춰 보자

숨찬 바람개비
재촉 소리에

노을이 산허리에
급히 퍼지네

5부

◆
◆
◆

오월에 내리는 눈

아기 노루귀

구름산
노루귀를 낳는다
보송보송 포대기에 싸여

저녁나절이면 활짝 열어
광명의 소리 들으려는 저 귀

귀 톡 건드리면
통째로 떨어져

엎드려 들여다보는 것도 조심스럽다

칠월

장마 탓에 관객 없는 음악회
극장에 전세낸 매미 가족

노래 한번 불러보지 못하고
무대를 내려와야 하나

맴맴 스르르
맴맴맴 스르르르

어느새 칠월 장맛비가
매미 울음으로 창문을 때린다

오월에 내리는 눈

오월의 햇살도 녹지 않는
이팝나무 가로수길

매만져도 시리지 않은
당신 같은 눈

오월이면 당신 선 자리마다
눈이 내린다

해오라기

물왕리 저수지 홀로 날다
백로 옆에 다가서면
초라한 내 모습
아 멋없이 외로운 남자

9월

애타는 여자의 속눈썹
누가 불을 지피나
도솔천 골짜기 붙은 불은
선운사로 번지네
9월은 철없는 도깨비들의 불장난 같아라

상사화

너를 만나지 못할 바엔
차라리 몸을 던져야 하나
선운사 범종소리에 머리를 박고
핏빛으로 피어나야 하나
비 내리는 도솔천을 벌겋게
물들여놓고
너의 이름을 부르다 지쳐
허공 멀리
흔적 없이 부서져야 하나

겨울 목련

밤낮없이

붓끝만 다듬는다

학처럼 웅크리고

햇살 끝만 다듬는다

홍연

너는 나를 보고 웃고
나는 너를 보며 웃으면

뻘속 깊이 뿌리를 묻고 있는
너의 얼굴이 붉어지고

고해의 바다에
몸을 담그고 사는
나의 얼굴이 환해진다

아카시아꽃

파란 잎에 가려진 채
하얀 볼을 내밀어라

실바람이 건드려도
실실

우리 누이 잇속 같은
하얀 아카시아

그 향기 그립네

빅토리아 아마조키카

꼭 다문 입술
그 입술에 키스하고 싶다

입술이 닿기도 전에 너는 너무 멀다

매혹적인 몸짓으로 나를 유혹하다가
하늘만 바라보는 빅토리아

잔잔한 저녁 달빛에 흔들린다

호수 위에 속살을 밀어넣고
한 잎 한 잎 꽃잎이 진다

미소바위

무거운 마음으로
광릉 숲에 왔다

그늘진 곳에 외롭게 서 있는 미소바위

둘레길 도는 데 두 시간
바쁜 사람들은 휙휙 스쳐 지나가고
한가로운 사람들은 마주보며 쌩긋 인증샷

봉선사 미소바위 말씀하신다
삶에 지친 중생들아
봉선사에 오시거든 꼭 날 보고 가시게
당신도 나처럼
무거운 짐 땅에 내려 놓으면
허허 웃고 가실 거라고

미소바위 쌩긋 웃는다

시 해설

‘삶의 그늘’과 ‘자연의 햇살’로 빚은 향연(饗宴)

황현중(시인·문학평론가)

김동섭의 시 세계

‘삶의 그늘’과 ‘자연의 햇살’로 빚은 향연(饗宴)

황현중(시인·문학평론가)

눈을 감아야 보이는 시가 있다. 귀를 닫아야 들리는 음악이 있다. 김동섭의 시가 그랬다.

본래적으로 시는 가시적(可視的)인 대상을 비가시적(非可視的)으로 치환한 결과물이다. 시각(視覺)과 청각(聽覺)에 전적으로 의존하는 것이 아니라, 온몸으로 접한 세계의 기운을 공감각적(共感覺的)으로 전달하는 행위이다. 시는 소설 등 다른 장르와는 달리 이야기로 말하지 않는다. 시는 눈으로 무엇을 보지만 보는 것만을 전달하지 않으며, 귀로 무엇을 듣지만 듣는 것만을 전달하지 않는다. 시는 이야기가 아니라 이미지와 운율을 통해 그 모습을 드러내기 때문이다. 시가 어려운 이유가 바로 여기에 있다. 그림에 가까운 이미지를, 음악의 기본 자질에 속하는 운율을 언어로 포획하는 정밀하고 감각적인 과정을 거쳐야 비로소 한 편의 시가 탄생한다.

그래서 시인들은 상징과 비유, 과장과 대조, 예외적인 갈등과 격정적인 언어를 동원하는 데 뼈를 깎는 노력을 기울인다. 어떤 시인은 “모든 시간이 자기의 야심을 증명하는 순간이 되도록 힘써라.”라고 충고했다고 하니, 시인은 결코 떨어지는 낙엽이나 바라보며 울적한 마음을 달래려고 술잔에 기대는 한가한 서생(書生)일 수 없다. 시인의 길은 평화로운 초원 위에서 양떼를 지키는 목동이 아니라, 사막 같은 백지 위에서 모래폭풍과 싸우며 길 없는 길 위에 핏빛 언어를 새기는 낙타의 무거운 발걸음이 되어야 한다.

결국 이 말은 시를 사랑하라는 정도의 권고가 아니라, ‘시 자체의 삶’을 살라는 말이다. 더 쉽게 표현한다면 ‘삶 자체의 시’가 되어야 한다는 뜻이다. 우리는 습관적으로 삶을 전쟁터에 비유한다. 시인도 한 사람의 인간이기에 전쟁 같은 삶에서 벗어날 수 없다. 신새벽부터 늦은 저녁까지 이어지는 아버지의 노동이 세 끼의 밥과 집과 옷을 만들어 내듯이, 시인도 시인의 치열한 삶 속에서 밥과 집과 옷에 비견할 만한 생명력 있는 시적 가치를 창조해야 한다.

그런데 이 지점에서 우리가 착각하지 말아야 할 한 가지가 더 있다. 어떤 고귀하고 독특한 시적 표현도 삶에 우선할 만큼의 가치를 갖지 못한다는 사실이다. “인생은 짧고 예술은 길다.”라는 말은 사람이 죽은 후에도 그 사람이 지향했던 예술이 여전히 살아 있다는 말이지, 삶보다 예술이 더 중요하다는 뜻이 아니다. 말 잘하는 어떤 사람을 누군가가 힐난했다고 한다. 그러자 그 사람이 말하기를, 나는 내 말의 설득력을 높이기 위해 지난 수십 년 동안을 함부로 살지 않았노라고 대답했다고 한다. 이처럼 시는 입에서 쏟아내는 모든 언어가 숭고해 보일 만큼 설득력이 있는 삶을 살라는 말로 해석되어야 옳다. '제대로 된 시'를 원하거든 '제대로 된 삶'을 살아야 한다. 그것이 참 시인의 길이다.

김동섭의 시에는 '제대로 된 삶'이 있다. 시 이전의 충일한 삶이, 눈이 아니라 귀가 아니라 온몸으로 밀물져 온다. 그의 삶은 지극히 공감각적이다. 그의 시를 읽을 때 눈을 감고 귀를 닫아야 하는 이유는, 삶의 실체는 눈으로 확인할 수 있는 단순한 형상도 아니고, 귀로 듣는 익숙한 선율일 수도 없다는 데 전적으로 공감하기 때문이다. 온몸을 부려 느끼지 않으면 다가오지 않는 김동섭의 시 앞에서 우리는 우리도 모르는 사이 눈을 감고 귀를 닫게 된다.

이곳은 한랭전선이다
하루 24시간 낮에는 인민군 밤에는 아군
6·25 전쟁 같다

내가 이곳에 온 것은 지난 2월 7일
살얼음이 뼛속을 파고드는 서부전선
삼십 년이 넘은 기역자 복도식 아파트

지하실 배수펌프는 중풍에 걸려 후덜덜 떨고
전기코드를 뺐다 끼웠다 반복해야 한다
벽마다 얼어붙은 고드름은 토왕성

소장은 군장교 출신으로 무조건 명령이다
고드름을 톱으로 자르고 망치로 떼어 내고
소방호스 터져 복도는 시냇물이 되고
승강기는 삼 일간 운행정지

빙판의 복도에 모래를 뿌리고 박스를 깔고
경비실 바깥으로 나갔다 들어오면 콧물이 줄줄
분리배출은 매일같이
수돗물은 24시간 틀어놓고

나 홀로 지키는 고드름 나라
그래도 애기봉 고지는 안녕하시다

-「그래도 고지는 안녕하시다」 전문

무엇이 보이는가? 당신의 한가한 시선이 닿은 곳에 모악산의 신록이 오색구름에 안겨 있다면, 당신은 눈을 감아야 한다. 무엇이 들리는가? 새소리 바람소리가 당신의 귀를 간지럽힌다면, 당신은 또 귀를 닫아야 한다. 눈을 감고 귀를 닫으면 당신의 고요한 심연은 곧 폐허로 돌변할 것이다. "중풍에 걸려 후덜덜 떨고" 있는 "지하실 배수펌프", "소방호스 터져 시냇물"처럼 흐르는 "복도", "벽마다 얼어붙은" "고드름"을 보고 당신은 무엇을 해야 하나? "빙판의 복도에 모래를 뿌리고 박스를 깔"고, "고드름을 톱으로 자르고 망치로 떼어 내"지 않을 수 없겠다. 곳곳이 터지고 무너진 삶을 서둘러 막고 다시 세우지 않으면 당신의 삶은 더 이상 안전하지 않다. 시시포스의 신화를 거론하지 않더라도 우리는 모두 그렇게 살아왔고, 그렇게 살아갈 수밖에 없는 운명에 처해 있다. 그래도 지켜야 하는 "고드름 나라", "애기봉 고지"가 우리네 삶의 저변이고 본질이다. 눈과 귀로 보고 듣는 것만이 삶의 전부가 아니다. 삶의 저층에 억눌린 근본적 비애는 온몸의 촉수, 즉 공감각적 세계관이 아니면 접근을 허용하지 않는다.

이 시는 허구적 상상이 아니다. 시인이 직업 현장의 체험을 통해 직접 온몸으로 건져 올린 생생한 실화이다. 그의 직업은 경비원. 경비원은 경비만 하는 게 아니다. 아파트에서 일어나는 거의 모든 일이 그들의 몫이다. 청소도 그중 하나. 그래서 그는 이렇게 눌러 썼다.

화단에 설중매 휘날리는데
눈 쓸 듯 글 쓰는 나는
청소부인가 시인인가

첫사랑 꽃비

꽃잎을 쓸며
가슴을 쓰네

-「나는 경비원인가 시인인가」 전문

김동섭 시인도 "설중매 휘날리"고 "꽃잎"이 떨어지면 가슴 설렌다. 어쩌면 "꽃비" 내리는 날이면 애달팠던 초련(初戀)의 추억과 상처를 여전히 잊지 못해 가슴앓이를 하고 있을지도. 하지만 그는 지금 '임 계장'(저자에서 '임시계약직 노인장'을 그렇게 부른단다.)이다. '임 계장'에게는 "그냥 네 하얀 생애에 뛰어들어 천년 백설이 되고 싶다."(문정희의 「겨울사랑」 중)던 "눈"도, 한 시절 난분분 떨어지는 "꽃잎"도 모두 쓰레기여야 했다. 청소를 해야 하는 사람의 눈〔目〕에는 하늘에서 떨어지는 것들이 달가울 수만은 없다. 다 힘겹다. 그 하얀 눈발도, 그 화사한 꽃잎도, 노랗게 흩어지는 낙엽도 다 귀찮다. 하늘에서 쏟아지는 건 모두 당장 치우지 않으면 안 되는, 고단한 노동을 요구하는 쓰레기일 뿐이기 때문이다. 세 끼의 비루한 밥이 인간의 심상에 가장 아름답게 각인된 메타포어로서의 "눈"과 "꽃"을 쓰레기로 전락시키고, 펜 대신 빗자루를 들게 했다. 하지만 시인은 쓰레기가 된 "눈"과 "꽃"을 온몸으로 껴안았다. 나를 먹여 살리는 쓰레기가 아무리 하찮을지라도 쓰레기일 수는 없기 때문이다. 쓰레기를 쓰레기로 취급하는 순간, 내 삶 역시 쓰레기로 전락할 수밖에 없다. 시인은 그래서 "눈을 쓸 듯" 시를 썼다. "꽃잎을 쓸"며 "가슴"에 시를 새겼다. 불화의 대상(쓰레기가 된 "눈"과 "꽃"으로 상징되는)에 굴복하거나 이를 거부하지 않고 온몸으로 껴안아 육화함으로써 고단하고 억눌린 삶을 바로 세우는 기회로 삼았다. "눈"과 "꽃"을 실물의 "눈"과 "꽃"으로 보지 않는, 오히려 눈〔目〕을 감고 그것들을 끌어안는 공감각적 세계관을 통해 삶의 가치를 재발견하고, 삶을 새로운 차원으로 이끌고 있다.

단견일지 모르지만, 요즘의 자유시는 시의 본질에서 많이 벗어나 있다는 생각을 지울 수 없다. (시적 상상을 핑계로)과도한 비약과 엇나간 비유도 문제려니와, 언어를 다루는 일반적 규칙은 물론, 산만하고 파괴적인 문장이 독자를 피곤하고 혼란스럽게 한다. 함축과 생략에서 오는 내적 긴장과 거기에서 비롯되는 풍요함은 찾기 어렵고, 시의 기본인 내재율조차 온데간데없다. 미세먼지 가득한 빌딩 숲을 헤매는 듯한 답답한 시라면 누가 읽고 오래도록 기억할 수 있겠는가. 시 쓰는 이라면 한 번쯤 심각하게 돌아볼 일이다.

김동섭의 시는 현대시의 폐단을 다시금 확인하고 반성하게 하는 좋은 기회를 제공한다. 간결하고 맑은 채색과 투명한 공간성을 확보한 시의 형식적 측면도 장려할 만하지만, 복잡하고 소외된 현대인에게 '자연성 회복'이라는 담론을 제공한다는 측면에서 남다르게 읽힌다. 인간은 '자연'을 떠나 존재할 수 없다. 고독과 결핍, 소외와 차별, 갈등과 증오 등 현대 자본주의 사회가 안고 있는 병폐를 치유하기 위해서는 '자연'으로 돌아가는 길밖에 없으며, '자연'은 곧 '고향'

을 되찾는 일이기도 하다.

김동섭의 거의 모든 시에는 '자연'이 생생하게 살아 있고, '고향'의 추억이 고스란히 담겨 있다. 자연 속의 고향, 고향 속의 추억이 몸과 마음을 치유하여 오늘을 치열하게 살게 하고 내일을 힘차게 달리게 한다.

손님이 왔다
진도 봄동
위도 달래
군산 바지락
서천 주꾸미

오동도 동백꽃
광양 매화
구례 산수유
유달산 개나리

변산 바람꽃
풍도 복수초
구름산 노루귀
원미산 진달래……

쑥국 파전 동동주 한잔에
설중매 한 잎 띄워본다

봄이다

-「봄바람」 전문

앞에서 인용한 두 편의 시, 「그래도 고지는 안녕하시다」와 「나는 경비원인가 시인인가」가 경비원이라는 직업 현장의 치열한 삶을 관통하는 '일상의 시'라면, 「봄바람」은 삶의 현장을 떠나 자연을 벗하며 생을 유유자적하는 '일탈의 시'이다.

일탈은 탈선과 방황만을 의미하지는 않는다. 일상이 제대로 뒷받침되지 않는 일탈은 자신의 삶을 멸망에 이르게 하는 자학적 행위에 지나지 않지만, 일탈은 때로 고단하고 지친 일상에 신선한 활력을 불어넣고, 지난 삶을 반성하고 새롭게 인식하게 하는 통찰과 동력을 제공하기도 한다. 그래서 일탈은 삶의 치유이며 안식이고, 복잡하고 소란한 현대인의 삶 너머의 자연이자, 아늑한 고향의 품이다.

시인의 발걸음은 거칠게 없다. 진도 위도 군산 서천을 지나, 오동도 광양 구례를 거쳐, 변산 풍도에 들러, 원미산 중턱에 이르기까지. 가는 곳마다 진풍경이요, 향기 범벅이다. 먹을 것을 어찌 거기 두고 오랴. 바지락과 주꾸미는 제철이 진미로다. 동동주에는 파전이 제격이지. 오호라! 오늘은 동동주의 달큼한 입술에 설중매 한 잎 물려 그리운 임에게 보내련다……. 이 모든 것이 "손님" 같은 "봄바람"이 데려온 귀한 자연의 선물이 아니겠는가. 모든 시름이 잊힌다. 마른 가슴을 긁으면 새싹이 돋을 것 같고, 어제의 병들었던 육신이 완강한 산맥의 등판처럼 짙푸르게 신생(新生)한다. 이렇게 한마당 잘 놀고 나면, 삶이 아무리 "중풍에 걸려 후덜덜 떨고" 있는 "지하실 배수펌프" 같아도, "벽마다 얼어붙은 고드름 토왕성" 같아도 한바탕 너털웃음에 불과한 것은 아닐까?

이어지는 시편의 주제는 고향이다. 도시의 밀림에서 나고 자란 사람은 고향의 의미를 제대로 가늠할 수 없다. 고향을 떠나 산다는 의미 또한 전혀 다르다. 김동섭 시인과 같은 사람에게 고향을 떠난다는 것은 다시 돌아갈 것을 전

제르 하지만, 도시인에게 그것은 주거 부정(不定)의 방황이거나 착지점 없는 추락을 뜻한다. 차별과 소외로 점철된 이 시대의 도시인은 미아와 다를 바 없다. 방향 없는 방황만이 굴레처럼 그들 앞에 놓여 있다. 인간의 마지막 거처는 자연이 온전하게 남겨진 고향이다. 늙고 병들고 실패해도 마지막 안식을 제공하는 고향이 있기에 늘 뒷배가 든든하다. 오늘이 힘들어도 결코 힘들지만은 않다. 내일 역시 힘들겠지만 희망을 향해 거침없이 나아가는 힘이 있다. 키 크고 힘센 장승이 내 마음의 고향을 지키고 있기 때문이다. 이것이 고향이 주는 에너지이다.

이백의 달일까
고향의 달일까

석봉의 부드러운 붓끝처럼
아파트 베란다에 붙잡아 놓고

보름달이 키운 토끼
분양받아 오고 싶은

모두가 고향 가고 없는
일 없는 한가위

-「한가위」 전문

차 안에 비스듬히 몸을 기댄 검정 우산
흠뻑 젖었다
접힌 날개 사이 빗물이 떨어진다

두서운 비바람 불어오는
저 세상
부서져 버리고 싶어도 억지로 견디는 저 사람
겨우, 잠깐 비바람을 피하고 계시다

그 속에서 꺾이지 않고 살아 돌아온
검정 옷을 입은
아버지

-「비 오는 날」 전문

각기 다른 시인데, 하나의 시로 읽힌다. 그럴 수밖에 없다. 고향 없는 아버지가 있을 수 없고, 아버지 없는 고향도 존재할 수 없기 때문이리라.

애잔하다. 무슨 이유 때문인지 시인은 한가위에 귀향하지 못하고 서늘한 아파트의 베란다에 발이 묶여 있다. 뒤란과 정지를 바쁘게 오가며 추석 음식을 장만하는 어머니의 환한 웃음이 보름달처럼 떠오른다. 보름달 속에서 토끼가 방아를 찧고 있다. 어머니께서 소반에 차려 내오신 식혜와 송편 한 접시, 아! 어머니의 치맛바람 속에 솔향이 물씬하다. 그래, 오늘은 "보름달이 키운 토끼"를 기필코 "분양받아 오고" 말리라. 시인은 토끼 똥을 닮은 삶은 콩으로 속을 넣고 빚어 낸 예쁜 송편을 한입 가득 물고 싶다.

그런데……, 어찌된 일인지 아버지가 보이지 않는다. 아버지 없는 추석은 언제나 쓸쓸하고 허전하다. 생전의 아버지는 벗은 발목으로 늘 비바람에 흠뻑 젖은 채 서 있었다. "부서져 버리고 싶어도 억지로 견디"고 또 견디는 사람이었다. 평생 노동과 희생을 강요당한 안타까운 사람, 가난과 고독과 결핍의 애잔한 이름, 아버지! 이제 저세상 사람이 되셨으니, 조금은 편안하실까. 오늘은 "차 안에 비스듬히 몸을 기댄 검정 우산"으로 돌아왔다. 여전히 젖은 채로 "겨우, 잠깐 비바람을 피하고 계시다". "접힌 날개 사이 빗물이 떨어진다". 그래도 저세상의 "검정 옷을 입은 아버지"는 영원히 "꺾이지 않고 살아 돌아"와 시인의 마음속에 변함없이 자리하고 있다.

소략하나마 지금까지 김동섭의 시를 살펴보았다. 그의 시는 '삶'과 '자연'을 다양하고 구체적인 사건과 사물을 통해 정갈하고 단정하게 펼쳐 놓았다. 김동섭의 시는 색감이 화려하고 현란한 비단옷이 아니다. 소박하고 겸허한, 서민의 삶이 농축된 삼베나 광목으로 지은 일상복을 닮았다. 거의 모든 제재가 일상의 삶과 자연에서 얻은 경험의 산물이기에 현실감 있게 다가와 독자들의 가슴과 눈에 뜨겁고 살갑게 안긴다.

하지만 누구에게나 삶의 여정은 만만찮다. 가는 곳이 어디인 줄 모르고 가야 하는 멀고 험한 여정 위에 우리의 삶이 몸부림치고 있다. 살아 있기에 모래 씹듯 꾸역꾸역, 살 수밖에 없는 거칠고 힘든 나날을 반복해야만 한다. 뼈마디가 흐느끼고 시퍼런 비명이 터져 나올 때까지 고집스레 버티는, 어쩌면 어리석고 부질없는 존재가 인간이며, 삶의 속성이다. 그러나 김동섭 시인은 이 같은 '삶의 그늘'에 주저앉기를 단호히 거부한다. 삶이 할퀴고 간 상처와 소진된 에너지를 '자연의 햇살'로 치유하고, 충전하는 놀라운 회복력을 보여주고 있다.

삶은 단순히 승패를 가르는 전쟁터만은 아니다. 그늘에 햇살이 드는 것처럼, 슬픔과 절망의 '그늘 자리'를 기쁨과 희망의 '햇살 자리'로 바꾸어 나가는 고통스럽지만 아름다운 여로이다. 김동섭 시인의 삶에 있어서 슬픔과 고통은 기쁨의 마중물이다. 희망에 대한 절망의 역할도, 성공에 대한 실패의 역할도 그러하리라. 오늘도 그는 그가 태어나고 자란 자연 속의 고향, 고향 속의 자연이 건네는 따스하고 아늑한 손을 굳게 부여잡고 고통스럽지만 아름다운 인생길 위에서 해맑은 한 송이 웃음꽃으로 향기롭게 피어나고 있다.

'삶의 그늘'과 '자연의 햇살'로 빚은 김동섭 시인의 첫 번째 시집 발간을 거듭, 진심으로 축하드린다. 끝으로 '자연의 햇살'이 가득 담긴 그의 표제시 「우화정의 가을」을 감상하며 이만 글을 맺는다.

행간에 활활 타오르는 단풍길을 걸으며, 눈을 감고 귀를 닫는다. 어느덧 서늘해진 해거름, 노을에 사무친 삶의 고요한 깊이에서 몇 잎 고운 단풍을 꺼내, 우화정의 맑은 물에 띄운다. 생은 흘러가리라. 한 점 욕심 없이, 후회 없이…….

나를 찾아온 단풍
내 마음에 활활
뜨거운 불 지펴놓고
금방 떠날 채비를 하네

옆구리가 서늘해진 서래봉
아랫마을까지 나와
우화정 기웃거리고

단풍나무 가지도 몇 잎 달고
우화정 연못으로 기우네

조급해진 나는
떨어진 단풍잎 주워
마음 갈피마다
가을을 애써 붙잡네

-「우화정의 가을」 전문

사진은 시다

사진은 시다

거울

시흥 관곡지에서

그리움

안산에서

기다림

길상사에서

기원

봉은사에서

낙원

연천에서

노을꽃

안산에서

만남

포천 산정호수에서

미소

광릉 봉선사에서

밤손님

시흥 관곡지에서

봄소식

광양 홍쌍리에서

사랑

부천 도당동에서

사랑해요

국립현충원에서

사후 세계

북한산 숨은벽

생명

광명 구름산에서

생명력

변산 채석강에서

시가 있는 풍경
안산에서

시루떡바위

포천 각흘산에서

자연의 신비

백양사에서

아쉬움

설악산에서

아침 고요

충북 영동에서

아침 이슬

시흥 관곡지에서

함성

안양천에서

옛 생각

상동 호수공원에서

왕좌

시흥 관곡지에서

왕코의 자태

옹도 코주부바위에서

우리 사는 세상

시흥 관곡지에서

꿈꾸는 세상

군포 철쭉동산에서

우화정의 가을

정읍 내장산에서

자유의 상징

옹도 독립문바위

자태

부안 변산에서

잠꼬대

무주 덕유산에서

젊음의 기상

서울 고척동에서

지킴이

옹도 황금사자바위

추경

안양천에서

피고지고

안성 박두진문학관에서

하얀 사랑

부천 도당동에서

향기

시흥 관곡지에서

화합의 미

두타산에서

환희

시흥 관곡지에서

황혼의 정

안산에서

희망

시흥 관곡지에서

김동섭 詩寫集
우화정의 가을

인　쇄　2020년 05월 24일
발　행　2020년 05월 31일

지은이　김 동 섭
펴낸이　김 서 종

펴 낸 곳　도서출판 Book Manager
전주시 완산구 메너머4길 25-6
전　　화　063-226-4321
팩　　스　063-226-4330

출판등록　제 95-3호
전자우편　102030@hanmail.net

값 12,000원

ISBN　978-89-6036-426-4(03810)

이 도서의 국립중앙도서관 출판예정도서목록(CIP)은 서지정보유통지원시스템 홈페이지(http://seoji.nl.go.kr)와 국가자료공동목록시스템(http://www.nl.go.kr/kolisnet)에서 이용하실 수 있습니다.(CIP제어번호: CIP2020021360)